VENTE
DU LUNDI 15 MARS 1909
HOTEL DROUOT, SALLE N° 8
à 2 heures précises

ATELIER

DE

Louis LE POITTEVIN

Me E. ORIGET
COMMISSAIRE-PRISEUR
3, boulevard Sébastopol

M. PAUL SIMONS
PEINTRE
Expert près le Tribunal civil de la Seine
23, rue des Martyrs

CATALOGUE

DES

TABLEAUX, ÉTUDES & AQUARELLES

AYANT COMPOSÉ

L'Atelier de Louis LE POITTEVIN

ET DE

TABLEAUX, AQUARELLES, DESSINS, PASTELS

Par

BEAUQUESNE, G. BOULANGER,
MAX CLAUDE, J. D. COURT, A. GUÉRY, HARPIGNIES, INNOCENTI,
P. PRINS, P. SAÏN,
EMILIO SALAS, TAPISSIER, A. THOMASSE, ETC., ETC.

DONT LA VENTE AURA LIEU A PARIS

HOTEL DROUOT, SALLE N° 8

LE LUNDI 15 MARS 1909

A DEUX HEURES PRÉCISES

Me E. ORIGET	**M. PAUL SIMONS**
COMMISSAIRE-PRISEUR	PEINTRE
3, boulevard Sébastopol	*Expert près le Tribunal civil de la Seine*
PARIS	23, rue des Martyrs

Chez lesquels se distribue le présent Catalogue

EXPOSITION PUBLIQUE

Le Dimanche 14 Mars 1909, de 2 heures à 6 heures

CONDITIONS DE LA VENTE

La vente sera faite au comptant.

Les adjudicataires paieront *dix pour cent* en sus des enchères.

L'Exposition mettant le public à même de se rendre compte de l'état des œuvres mises en vente, il ne sera admis aucune réclamation, une fois l'adjudication prononcée.

Paris. — Imprimerie de l'Art, CH. BERGER, 41, rue de la Victoire.

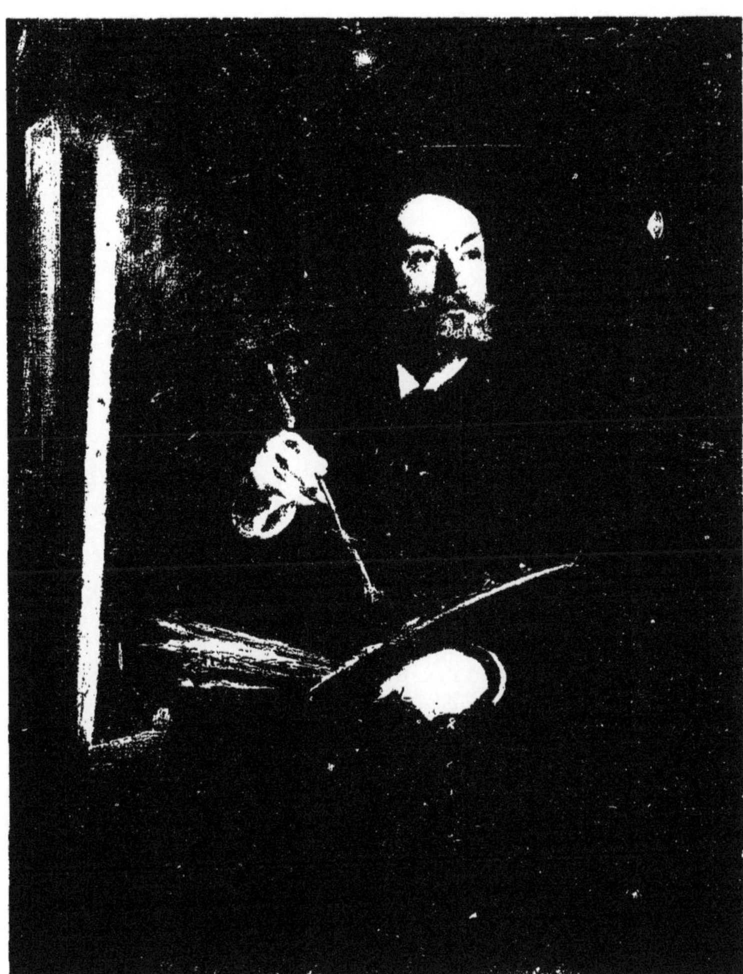

Phototypie Berthaud, Paris

LOUIS LE POITTEVIN

Par Marcial PLAZA-FERRAND

LOUIS LE POITTEVIN

Un matin du dernier hiver, je traversais le Parc Monceau ; le brouillard se dissipait lentement, tandis que le soleil mettait aux branches, emmaillotées de givre, de la poussière de diamant ; il y avait des transparences qui nimbaient les choses, et dans ce cadre de verdures atténuées, attendries, comme mouillées de larmes, le buste de Guy de Maupassant apparaissait dans sa blancheur récente.

Et ce tableau, où les passants du matin pouvaient trouver l'indice d'une belle journée, toute vibrante de la joie de vivre, me sembla frissonnant d'une extrême et lointaine mélancolie ; ce qui pouvait n'être qu'une coquetterie délicieuse de la nature, autour de l'écrivain de génie qui avait si bien parlé d'elle, me donna la sensation d'un immense regret secouant ses ailes de lumière et d'ombre au front d'une immense douleur.

Cette sensation, je l'ai retrouvée fréquemment dans les œuvres du peintre Louis Le Poittevin, qui était deux fois le cousin germain de Guy de Maupassant, par son père et par sa mère.

Depuis près de quinze ans, je suis l'effort de cet artiste délicat, vers une interprétation de la nature où il raconte son âme, sans s'écarter de la vérité des choses ; depuis quinze ans, aux Salons, où il a conquis ses récompenses à coup d'œuvres remarquables, j'ai appris à apprécier, à aimer le sens qu'il a du pittoresque, et la pensée saine, dont ses toiles portent le reflet éclatant. *Le Val d'Antifer*, du musée du Havre, *Le Petit Val*, du musée de Cette, *La Montée de Bénouville, près d'Étretat*, et *Le Lever de lune*, qui lui valut une deuxième médaille, du musée de Rouen, *La Prairie*, du musée de Fécamp, tous ces tableaux ont placé M. Louis Le Poittevin en un rang très enviable parmi les paysagistes de l'école contemporaine. Un surtout m'a frappé : *Les Toiles d'araignées*, qui fut exposé en 1890, et enrichit aujourd'hui la collection du musée de Reims.

Au-dessus d'un champ, qu'un grand ciel domine de toute la splendeur de ses clartés chaudes, la Fileuse invisible a secoué sa quenouille : le vent a promené les brins qui s'en échappent, et aux pointes des buissons les flocons blancs se sont accrochés : c'est un tissu fait au hasard, tissu de fils de soie enchevêtrés, dont les minces reflets chantent sur l'or vieilli des frondaisons rouillées par l'automne. Et ces fils, si légers, ces fils qu'un attouchement sépare et rompt, ces fils aux frissons silencieux ont des puissances d'étreinte ; ils sont une caresse et une force ; s'ils s'unissaient, pressés et denses, ils seraient un linceul de mort ; et ils ont des enlacements qui parlent de passion et de vie. Venant après les saisons de sève, ils sont comme les cheveux blancs du printemps oublié, les cheveux blancs où l'on cherche le souvenir des baisers, et à qui l'on donne tous les baisers du souvenir !

Ah ! ces *Toiles d'araignées !* Quelle symphonie plaintive ! Quel cantique adorable des choses dans l'harmonie de l'évolution naturelle ! M. Louis Le Poittevin y avait mis avec sa couleur juste, avec son art distingué, ce que Guy de Maupassant, dans des pages immortelles, y aurait mis de pensée et de génie ! Il s'y trouvait cette chose insaisissable, ce je ne sais quoi qu'on perçoit en dehors des sens, par le cœur, cette palpitation, enfin, cette palpitation qui derrière le théâtre de la réalité ouvre l'espace infini de l'idéal.

Et c'est parce qu'avec ses qualités de métier, avec sa vision précise, avec son intelligence des ensembles pittoresques, son habileté à trouver ces ensembles, il ne se défend pas d'être idéaliste, que M. Le Poittevin a dans son œuvre multiple une si belle variété, qui ne l'empêche pas de rester lui-même.

Certes, — on le constatera dans les œuvres de chevalet qu'il soumet au caprice des enchères — il lui faut un paysage avec de l'eau ; il lui faut ou les matins de printemps, ou les gris après-midi d'automne ; ce sont là ses époques et ses coins de prédilection ; mais il s'est interrogé également sur d'autres effets ; il a étudié d'autres sensations ; il s'est laissé attirer par d'autres splendeurs, et il y a également réussi.

D'ailleurs, même en ses plus rutilantes études de lumière, où le soleil jette à plein ciel l'étincellement de ses rayons, M. Le Poittevin ne peut se défendre d'une pensée un peu mélancolique : la nature ne rit en ses toiles qu'à travers un voile extrêmement léger qui donne plus de douceur et d'enchantement à son rire : Il n'abuse pas des fanfares ni des cuivres : son orchestration demande aux violons et aux violoncelles leurs chants les plus pathétiques, les plus capables d'extase tempérée et de ravissement ingénu, et cela, parce que cette mélancolie, dont je parlais plus haut, est une sorte de douleur sans cause déterminée qui n'est ni celle qui consume ni celle qui déchire ; elle est dans l'âme un sentiment réel, qui tient aux racines de cette âme rêveuse et méditative, et porte sur un fond moral, sur le soupçon intime et pénétrant de l'insuffisance de la vie, de la fragilité du bonheur, sur la pensée vague, indistincte, de l'infini dont le cœur a le pressentiment.

C'est pourquoi les paysages de M. Le Poittevin, où l'on préfère cette disposition psychique, sont de ceux qu'on oublie d'admirer, afin de les mieux aimer ; c'est en eux, c'est dans la nature qu'ils traduisent, engageante et voilée, que le cœur blessé vient chercher un abus et un refuge.

Même s'il n'est pas blessé, le cœur n'est pas toujours disposé à s'exalter : parfois sans que la passion agite en lui aucune tempête, il flotte, il s'inquiète, s'attriste, s'ennuie, rêve, aspire à d'inconnues émotions. Ce qu'il demande alors, c'est un art qui réponde à son idéal propre, c'est une sorte de régal de simplicité, c'est ce qu'il trouve dans les tableaux de M. Le Poittevin, ce que M. Le Poittevin a voulu lui-même, une nature légèrement ombreuse, ou agitée par le vent d'automne, un ciel aux tons roses et gris, de tièdes rayons de soleil, courant en traînée rapide sur la verdure, de l'eau, des fleurs, des buissons où battent des ailes, des horizons vastes, et toute une végétation d'ambiance claire pour bercer nos mystères intérieurs.

Et c'est pour cela que M. Le Poittevin m'apparaît comme un artiste vrai ; au cours de sa carrière, à laquelle l'avenir promet tant de joie, dans ce continuel retour à l'étude, devant des éléments qu'il s'agit non seulement de voir et de regarder mais surtout de comprendre, il a eu, lui, le naturiste sincère, épris du vrai et du beau, il a eu la perception nette qu'il n'y a pas que les sens en nous ; que nous sommes autre chose que des transformations de sensations, que l'esprit enfin rayonne à travers les impressions sensibles qui ne sont pas tout, et devine ceci au-delà de l'objet matériel : un souffle de Dieu dans l'âme, un souffle de l'âme vers Dieu !

Peut-être ces quelques lignes sont-elles inutiles pour annoncer les travaux d'un peintre dont le talent dit si parfaitement tout ce qu'il veut dire ; mais jai cédé au plaisir de les publier en cette place, puisqu'elles étaient l'occasion, très flatteuse pour moi, d'associer une fois de plus l'estime particulière que je professe pour l'art pensé de M. Le Poittevin, à l'admiration qui m'incline respectueusement devant l'œuvre glorieuse de Guy de Maupassant.

L. ROGER-MILÈS (1898).

Il y a près de onze ans que M. Roger-Milès préfaçait en lignes si émues la première vente de Louis Le Poittevin. Pendant ces onze années, le peintre a doublé les étapes du succès ; son talent robuste et délicat, consciencieux et sincère, s'est affirmé dans maintes expositions — et les collectionneurs ont suivi avec un intérêt passionné les efforts incessants de cet artiste si merveilleusement doué.

Malheureusement, la maladie impitoyable est venue frapper ce vigoureux maître, en pleine production, au milieu de ses travaux les plus chers.

Louis Le Poittevin est paralysé depuis quelque temps déjà ; son cerveau obscurci ne commande plus à sa main inerte, et cette déchéance est plus atroce, plus émouvante encore, chez ce grand travailleur qui n'avait jamais connu le repos.

Le Poittevin avait conservé dans son atelier certains tableaux et de nombreuses études dont il n'avait voulu se défaire à aucun prix. La vente de cette sélection servira à adoucir ses derniers moments. Toutes ces œuvres vont se trouver dispersées demain, sous le feu des enchères, pour l'heureuse fortune des amateurs de bonne et saine peinture qui tiendront à apporter au peintre accablé leur dernier souvenir d'admiration.

P. S.

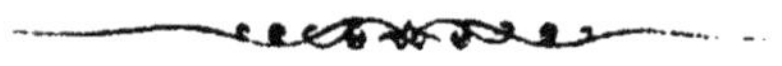

DÉSIGNATION

PEINTURES

1 — *Les Lavandières aux Andelys.*
Toile. Haut., 89 cent.; larg., 1 m. 25 cent.

2 — *Les Bardanes. Étretat.*
Toile. Haut., 79 cent.; larg., 1 mètre.

3 — *Le Cloître de Léon, près Dinan.*
Toile. Haut., 65 cent.; larg., 92 cent.

4 — *Pêcheurs d'écrevisses. Giverny.*
Toile. Haut., 59 cent.; larg., 81 cent.

5 — *Le Soir à Étretat.*
Toile. Haut., 59 cent.; larg., 81 cent.

6 — *Lever de lune : la Seine aux Andelys.*
Toile. Haut., 50 cent.; larg., 81 cent.

7 — *La Seine à Vernon.*
Toile. Haut., 45 cent.; larg., 81 cent.

8 — *Ferme à Giverny.*

Toile. Haut., 45 cent.; larg., 80 cent.

9 — *L'Appel au passeur.*

Toile. Haut., 54 cent.; larg., 73 cent.

10 — *La Plaine à Giverny.*

Toile. Haut., 54 cent.; larg., 73 cent.

11 — *La Vieille Eglise. Saint-Lunaire.*

Toile. Haut., 50 cent.; larg., 73 cent.

12 — *L'Epte à Giverny.*

Toile. Haut., 65 cent.; larg., 50 cent.

13 — *Giverny.*

Toile. Haut., 46 cent.; larg., 65 cent.

14 — *Les Saules. Giverny.*

Toile. Haut., 49 cent.; larg., 65 cent.

15 — *La Seine à Bonnières.*

Toile. Haut., 46 cent.; larg., 65 cent.

16 — *Les Bruyères à Saint-Lunaire.*

Toile. Haut., 46 cent.; larg., 65 cent.

17 — *Les Tanesies. Giverny.*

Toile. Haut., 46 cent.; larg., 65 cent.

18 — *La Maison du Berger. Etretat.*

Toile. Haut., 46 cent.; larg., 65 cent.

19 — *Les Falaises, près Vernon.*
Toile. Haut., 40 cent.; larg., 65 cent.

20 — *Le Château Gaillard, aux Andelys.*
Toile. Haut., 40 cent.; larg., 65 cent.

21 — *La Prairie à Limetz.*
Toile. Haut., 65 cent.; larg., 38 cent.

22 — *Les Chênes*, d'après Harpignies.
Toile marouflée sur panneau carton.
Haut., 61 cent.; larg., 50 cent.

23 — *La Porte du Jerzual. Dinan.*
Toile. Haut., 63 cent. 1/2; larg., 50 cent.

24 — *Géranium-lierre.*
Toile. Haut., 50 cent.; larg., 61 cent.

25 — *Moulin à Plédieu-sur-la-Rance.*
Toile. Haut., 46 cent.; larg., 61 cent.

26 — *Clair de lune.*
Toile. Haut., 27 cent.; larg., 22 cent.

27 — *Les Pommiers, près Dinan.*
Toile. Haut., 38 cent.; larg., 61 cent.

28 — *La Seine aux Andelys.*
Toile. Haut., 38 cent.; larg., 61 cent.

29 — *L'Ile aux orties, près Giverny.*
Toile. Haut., 38 cent.; larg., 61 cent.

30 — *Bords de la Seine aux Andelys.*
Toile. Haut., 38 cent.; larg., 61 cent.

31 — *Dinan. Vue prise du Château.*
Toile. Haut., 38 cent.; larg., 61 cent.

32 — *La Seine à Giverny.*
Toile. Haut., 35 cent.; larg., 60 cent.

33 — *Les Tanneries. Pont-Audemer.*
Toile. Haut., 59 cent.; larg., 40 cent. 1/2.

34 — *Les Petites Meules. Giverny.*
Toile. Haut., 20 cent.; larg., 32 cent. 1/2.

35 — *Giroflées.*
Toile. Haut., 27 cent.; larg., 22 cent.

36 — *Saint-Lunaire.* Marine.
Toile. Haut., 46 cent.; larg., 55 cent.

37 — *Ruelle à Étretat.*
Toile. Haut., 46 cent.; larg., 55 cent.

38 — *La Roche-Guyon. La Seine.*
Toile. Haut., 38 cent.; larg., 55 cent.

39 — *Le Moulin aux Andelys.*
Toile. Haut., 38 cent.; larg., 55 cent.

40 — *Saint-Lunaire* Marine.
Toile. Haut., 38 cent.; larg., 55 cent.

41 — *Lisière de bois. Dinan.*

Toile. Haut., 55 cent.; larg., 38 cent.

42 — *Chemin. Dinan.*

Toile. Haut., 38 cent.; larg., 55 cent.

43 — *Saint-Lunaire.* Marine.

Toile. Haut., 38 cent.; larg., 55 cent.

44 — *Vache normande.*

Toile. Haut., 46 cent.; larg., 38 cent.

45 — *L'Epte à Giverny.*

Toile. Haut., 46 cent.; larg., 38 cent.

46 — *Marine. Étretat.*

Toile. Haut., 32 cent. 1/2; larg., 41 cent.

47 — *La Chapelle de Vincennes.*

Toile marouflée sur panneau carton.

Haut., 37 cent.; larg., 23 cent.

48 — *Étang dans la brume.*

Panneau bois. Haut., 27 cent.; larg., 35 cent.

49 — *Nature morte.*

Toile. Haut., 27 cent.; larg., 35 cent.

50 — *Coteau. Normandie.*

Panneau bois. Haut., 21 cent. 1/2; larg., 35 cent.

51 — *Le Pêcheur.*

Toile. Haut., 24 cent. 1/2; larg., 33 cent.

52 — *Ajoncs dans la lande.*

Toile. Haut., 24 cent. 1/2; larg., 32 cent. 1/2.

53 — *La Seine aux Andelys.*

Toile marouflée sur panneau carton.

Haut., 24 cent. 1/2; larg., 32 cent. 1/2.

54 — *Lisière de Forêt.*

Toile. Haut., 24 cent. 1/2; larg., 32 cent. 1/2.

55 — *Pâturage. La Roche-Guyon.*

Toile. Haut., 24 cent. 1/2; larg., 32 cent. 1/2.

56 — *Matinée brumeuse. Giverny.*

Toile. Haut., 21 cent. 1/2; larg., 32 cent. 1/2.

57 — *Les Fougères. Dinan.*

Toile. Haut., 21 cent. 1/2; larg., 32 cent. 1/2.

58 — *Vallon près d'Étretat.*

Toile. Haut., 1 m. 97 cent.; larg., 2 m. 57 cent.

59 — *La Procession à Étretat.*

Toile. Haut., 1 m. 19 cent.; larg., 1 m. 50 cent.

60 — *Pâturage dans l'Ile Sorel. Giverny.*

Toile. Haut., 50 cent; larg., 73 cent.

61 — *Les Blés. Giverny.*

Toile. Haut., 46 cent.; larg., 65 cent.

62 — *A la Porte de l'écurie.*

Toile. Haut., 38 cent.; larg., 46 cent.

63 — *La Seine à Bonnières.*

Toile. Haut., 38 cent.; larg., 46 cent.

64 — *Les Chaumes. Étretat*

Toile. Haut., 38 cent.; larg., 46 cent.

65 — *La Seine à Bonnières.*

Toile marouflée sur panneau carton.

Haut., 48 cent.; larg., 64 cent.

66 — *Les Falaises à Vernonnet.*

Toile. Haut., 38 cent.; larg., 55 cent.

67 — *Saint-Lunaire.*

Toile marouflée sur panneau carton.

Haut., 30 cent.; larg., 51 cent.

68 — *Cheval blanc.* Étude.

Toile. Haut., 28 cent.; larg., 39 cent.

69 — *Pêches et Raisins.*

Toile marouflée sur panneau carton.

Haut., 32 cent.; larg., 31 cent.

70 — *Place du Marché. Dinan.*

Toile marouflée sur panneau bois.

Haut., 33 cent.; larg., 41 cent.

71 — *La Plaine de Limetz.*

Toile marouflée sur panneau carton.

Haut., 26 cent.; larg., 50 cent.

72 — *Place des Cordeliers. Dinan.*
Toile marouflée sur panneau bois.
Haut., 33 cent.; larg., 41 cent.

73 — *Dinan.*
Toile marouflée sur panneau bois.
Haut., 37 cent.; larg., 30 cent.

74 — *Dinan.*
Toile marouflée sur panneau bois.
Haut., 37 cent.; larg., 30 cent.

75 — *Les Ajoncs à Giverny. (Effet de soir).*
Panneau bois. Haut., 24 cent.; larg., 33 cent.

76 — *Lisière de bois. Bonnières.*
Toile marouflée sur panneau bois.
Haut., 18 cent.; larg., 34 cent.

77 — *Les Feux du soir. Giverny.*
Toile. Haut., 33 cent.; larg., 41 cent.

78 — *L'Étang.*
Toile. Haut., 27 cent.; larg., 35 cent.

79 — *Étretat.*
Panneau carton. Haut., 33 cent.; larg., 26 cent.

80 — *Ferme à Étretat.*
Panneau carton. Haut., 26 cent.; larg., 35 cent.

81 — *Le Cloître de Léon, près Dinan.*
Toile. Haut., 60 cent.; larg., 81 cent.

82 — *La Roche-Guyon.*
Bois. Haut., 24 cent.; larg., 34 cent.

83 — *Coucher de Soleil. La Roche-Guyon.*
Toile. Haut., 22 cent.; larg., 33 cent.

84 — *L'Écluse, près Dinan.*
Toile. Haut., 22 cent.; larg., 33 cent.

85 — *Étretat.*
Toile. Haut., 20 cent.; larg., 35 cent.

86 — *Les Meules à Giverny.*
Toile. Haut., 20 cent.; larg., 32 cent 1/2.

87 — *L'Étang. Étretat.*
Toile. Haut., 23 cent.; larg., 31 cent.

88 — *La Colline. Étretat.*
Toile. Haut., 18 cent.; larg., 30 cent.

89 — *Coucher de Soleil. Saint-Lunaire.*
Toile marouflée sur panneau carton.
Haut., 15 cent.; larg., 27 cent.

90 — *La Mer. Étretat.*
Toile. Haut., 22 cent.; larg., 27 cent.

91 — *Étretat.*
Toile. Haut., 24 cent.; larg., 37 cent.

92 — *La Colline. Étretat.*
Toile marouflée sur panneau bois.
Haut., 17 cent.; larg., 25 cent.

93 — *Le Troupeau d'oies. Saint-Lunaire.*
Toile. Haut., 19 cent.; larg., 24 cent

94 — *Saint-Lunaire.*
Toile marouflée sur panneau carton.
Haut., 16 cent.; larg., 24 cent.

95 — *Étang. Dinan.*
Toile marouflée sur panneau carton.
Haut., 16 cent.; larg., 24 cent.

96 — *Sous bois. Dinan.*
Panneau carton. Haut., 16 cent.; larg., 24 cent.

97 — *Saint-Lunaire.*
Toile marouflée sur panneau carton.
Haut., 16 cent.; larg., 24 cent.

98 — *Saint-Lunaire.*
Panneau-carton. Haut., 16 cent ; larg., 24 cent.

99 — *Étretat.*
Panneau carton. Haut., 13 cent.; larg., 22 cent.

100 — *L'Église de Saint-Sauveur. Dinan.*
Panneau carton. Haut., 12 cent.; larg., 21 cent. 1/2.

101 — Sous ce numéro, il sera vendu ensemble ou séparément diverses toiles, par Louis Le Poittevin, non portées au présent Catalogue.

AQUARELLES

102 — *La Plaine. Giverny.*

Haut., 32 cent.; larg., 49 cent.

103 — *La Rance.*

Haut., 34 cent.; larg., 51 cent.

104 — *L'Église de Saint-Maclou. Rouen.*

Haut., 26 cent., larg., 15 cent.

105 — *L'Église de Saint-Maclou. Rouen.*

Haut., 26 cent.; larg., 15 cent.

TABLEAUX DIVERS

106 — Bandoux (Georges). *Propos galants.*
Panneau bois. Haut., 54 cent.; larg., 42 cent.

107 — Beauquesne. *Coups de feu.*
Toile. Haut., 46 cent.; larg., 63 cent.

107 *bis* — Beauquesne. *Le 6e d'artillerie allant prendre position sur les hauteurs de Gravelotte.*
Haut., 53 cent.; larg., 63 cent.

108 — Court (J.-D.). *Portrait d'homme.*
Toile. Haut., 55 cent. 1/2; larg., 46 cent.

109 — Court (J.-D.). *Portrait d'homme.*
Toile. Haut., 55 cent. 1/2; larg., 46 cent

110 — École de Diaz. *Sous bois.*
Toile. Haut., 61 cent.; larg., 50 cent.

111 — Guéry (Armand). *Intérieur de fournil à Oranville.*
Toile. Haut., 46 cent.; larg., 61 cent.

112 — Innocenti. *La Fête de Grand'mère.*
Panneau bois. Haut., 22 cent.; larg., 27 cent.

113 — Innocenti. *Fumeur Louis XIII.*
Panneau bois. Haut., 40 cent.; larg., 32 cent.

114 — PRINS (Pierre). *Sous la Futaie. Grand Mesnil à Orsay* (*Seine-et-Oise.*)

Toile. Haut., 54 cent.; larg., 73 cent..

115 — PRINS (Pierre). *Meules au soleil, à Saint-Evroult* (*Seine-et-Oise.*)

Toile. Haut., 24 cent.; larg., 35 cent.

116 — SAÏN (Paul). *Près d'Avignon.*

Toile. Haut., 43 cent. 1/2; larg., 60 cent.

117 — SALAS (Émilio). *Étude pour le prince Viana.*

Toile. Haut., 37 cent.; larg., 31 cent.

118 — TAPISSIER. *La Fuite en Égypte.*

Toile. Haut., 33 cent.; larg., 46 cent.

119 — THOMASSE (A.). *Hallali à Chantilly.*

Toile. Haut., 60 cent.; larg., 81 cent.

120 — THOMASSE (A.). *Jeune biche sous bois.*

Toile, Haut., 41 cent.; larg., 33 cent

121 — TILLIER (Paul). *Tête de Jeune fille.*

Toile. Haut., 46 cent.; larg., 39 cent.

AQUARELLES, DESSINS

PASTELS

122 — Boulanger (Gust.). *Étude.*

Dessin à la sanguine. Haut., 35 cent.; larg., 25 cent.

123 — Boulanger (Gust.). *Char antique.*

Dessin à la sanguine. Haut., 50 cent.; larg., 44 cent.

124 — Claude (Max). *Les Fifres à Hyde-Park.*

Aquarelle gouachée. Haut., 32 cent.; larg., 24 cent.

125 — Corot (Attribué à). *Étude.*

Dessin au fusain. Haut., 15 cent.; larg., 47 cent.

126 — Harpignies (H.). *Les Deux Arbres.* Lavis à l'encre de Chine. Signé : *1894.* Dédicace au dos : *1er janvier 1895.*

Haut., 10 cent. 1/2; larg., 6 cent. 1/2.

127 — Prins (P.). *Pont de Saint-Evroult (Seine-et-Oise). Effet d'automne.*

Pastel. Haut., 54 cent.; larg., 65 cent.

128 — Prins (P.). *Côteaux de Saint-Cloud. Brume et soleil.*

Pastel. Haut., 33 cent.; larg., 46 cent.

129 — Prins (P.). *Pommiers et javelles au Guichet (Seine-et-Oise).*

Pastel. Haut., 40 cent.; larg., 48 cent.

130 — Rochebrune (De). *Vue générale des constructions du Château de Chambord, côté de l'Orient.*

Gravure. Haut., 51 cent.; larg., 75 cent.

131 — Objets omis au présent Catalogue.

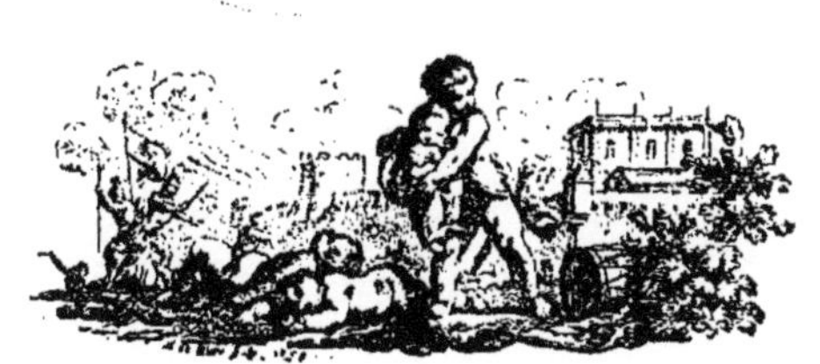

www.ingramcontent.com/pod-product-compliance
Ingram Content Group UK Ltd.
Pitfield, Milton Keynes, MK11 3LW, UK
UKHW020533180726
13839UKWH00005B/2493

9 782329 532554